Glanhau

Bethan Clement

Canolfan
Peniarth

Dw i'n cyrraedd y gwaith.

3

Dw i'n gwisgo top du gyda logo'r gwesty.

Dyma'r troli glanhau.

5

Dw i'n mynd i bob ystafell wely.

Dw i'n gwagio'r bin sbwriel.

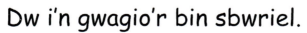

7

Dw i'n newid y dillad gwely.

Dw i'n tacluso'r ystafell wely.

9

Dw i'n glanhau'r ystafell wely.

10

Dw i'n glanhau'r ystafell ymolchi.

11

Dw i'n rhoi llestri glân ar y bwrdd.

Dw i'n rhoi te, coffi a llaeth
ffres ar y bwrdd.

13

Dw i'n rhoi tywelion glân yn yr ystafell ymolchi.

14

Wedyn, dw i'n glanhau'r coridor.

15

Dw i'n mynd â'r troli yn ôl
i'r stordy.

16

dillad brwnt

dillad budr

Dw i'n rhoi'r dillad gwely a'r tywelion yn y bag.

17

Dw i'n rhoi tywelion a dillad gwely glân ar y troli.

18

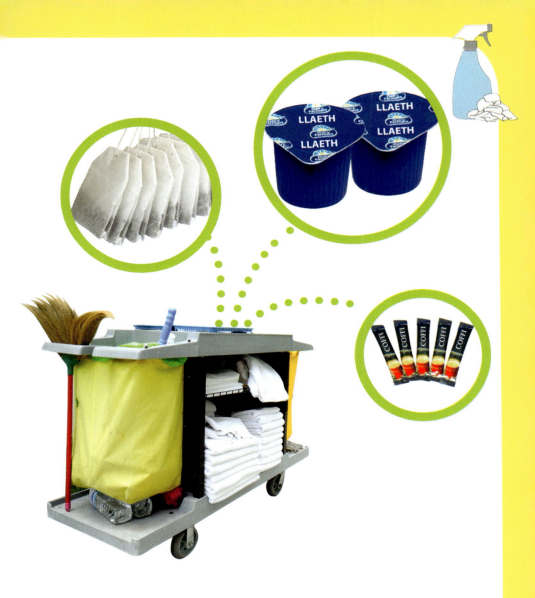

Dw i'n rhoi te, coffi, bisgedi a llaeth ar y troli.

19

Mae popeth yn barod erbyn fory.
Dw i'n mynd adre.

20